PLAIDOYER

SUR CETTE QUESTION:

Le Juif français doit-il être soumis à prêter le serment *more judaïco*?

Tous les Français sont égaux devant la loi.

Chacun professe sa religion avec une égale liberté, et obtient pour son culte la même protection.

Charte constitutionnelle, art. 1 et 5.

A NISMES,
DE L'IMPRIMERIE DE P. DURAND-BELLE.
1827.

COUR ROYALE DE NISMES.

CHAMBRE TEMPORAIRE.

Audiences du 6 et du 8 janvier 1827.

Présens.

MESSIEURS,

FAJON, Président.
VÉROT, doyen.
DUTILLET.
FERRAND-DEMISSOL.
VITALIS.
DE SÉVIN.
DE CLAUSONNE.

M. GUILLET, fils, portant la parole pour M. le Procureur-Général.

PLAIDOYER

SUR CETTE QUESTION :

Le JUIF français doit-il être soumis à prêter le serment *more judaïco?*

M. CRÉMIEUX, avocat, a parlé en ces termes (1) :

Le serment ne doit pas être prêté *more hebraïco*.

La discussion à laquelle je vais me livrer est épineuse ; si nous ne commencions à nous former des idées un peu plus justes sur la *liberté des cultes* ; si nous ne savions aujourd'hui que tout ce qui tient à la religion est absolument hors de l'atteinte des hommes, peut-être n'aurais-je pas eu la pensée de traiter cette question. Elle est moins, en effet, dans l'intérêt particulier d'un individu, que dans l'intérêt général et pour la cause des principes. Peu importe à l'appelant de prêter serment avec telle ou telle formalité ; sa conscience n'en est point alarmée ; il s'en inquiète peu. Mais il est temps de fixer la jurisprudence sur une question dont on semble n'avoir vu jusqu'à ce moment qu'une seule face. Le ministère public a fait entendre, auprès de la première Cour du royaume (1), un langage qui trouvera des échos ; nous nous fé-

(1) La cause présentait à juger d'autres questions qui ne se rattachaient pas à celle-ci.

(2) Voy. le réquisitoire de M. Laplagne-Barris, avocat-général à la Cour de cassation. *Gazette des tribunaux*, du 20 mai 1826.

licitons d'avoir à le reproduire, et d'appuyer sur un tel suffrage notre opinion personnelle. Non, il n'y a pas devant la loi des classes d'individus divisés par cultes; non, la différence de religion n'établit pas, entre les habitans d'une même patrie, une différence de droits ou de devoirs; il n'existe aux yeux de la loi que des citoyens, QUE DES CITOYENS ÉGAUX. Ce principe incontestable va bientôt nous conduire à des conséquences non moins certaines. J'appelle toute l'attention de la Cour. Je tâcherai de m'en rendre digne.

La liberté des cultes est une plante fixée sur notre sol depuis trente années seulement; mais elle a pris des racines impérissables : le sol de la France est favorable à toutes les libertés. Dieu avait fait tous les hommes à son image, il avait gravé dans tous les cœurs le sentiment de sa grandeur et de sa puissance : l'homme sauvage, comme l'homme civilisé, rendait à l'Être des êtres un culte d'adoration : Dieu recevait tous les hommages, puisqu'il les permettait; s'il fit choix d'un peuple privilégié pour lui révéler une sublime doctrine, il ne rejeta pas ses autres créatures. Cependant, jusqu'à nos jours, tous les peuples ont successivement répété ces mots féconds en malheurs : *Religion dominante !*

Enfin la nation la plus digne de donner au monde de salutaires exemples, la France proclama la liberté des cultes. On entendit ces mots magiques : « Les rapports de chaque homme avec l'Être » d'en haut sont indépendans de toute institution publique. Entre » Dieu et le cœur de chaque homme, quel gouvernement oserait » être l'intermédiaire (1) » ? Depuis cette époque, tous les cultes furent égaux; et si, plus tard, on voulut une religion pour l'État, l'auteur de la Charte ne lui conféra point d'autre privilége; l'égalité fut maintenue en principe.

Néanmoins, dans les trente années qui ont séparé la révolution de la restauration, les hommages rendus à la liberté des cultes, quoi-

---

(1) Mirabeau. Séance du 10 février 1791.

que sincères, n'avaient pas effacé toutes les nuances. Une funeste idée avait présidé à ce décret terrible du 17 mars, qui mettait hors la loi 400,000 citoyens français, parce qu'ils étaient juifs. Il est vrai que de nombreuses exceptions diminuèrent le mal ; mais d'anciens préjugés se réveillèrent, et l'on s'habituait trop à voir dans les juifs une classe séparée du peuple français, pour que ce sentiment ne laissât pas quelques traces. Au gouvernement constitutionnel appartient l'heureuse mission d'effacer toutes les différences entre les citoyens d'un même royaume ; les tribunaux surtout doivent proclamer hautement, dans leurs arrêts, cette égalité précieuse, base assurée du bonheur des peuples, parce qu'elle attache au pays et qu'elle inspire l'amour de la patrie et des devoirs.

S'il était vrai qu'une jurisprudence erronée, croyant assurer la liberté des cultes, n'établît qu'une *inquisition* sur le culte de chaque citoyen ; s'il était vrai qu'au lieu de protéger chaque religion, elle troublât les consciences ; enfin s'il était vrai que, bien loin de consacrer l'égalité de la loi, elle créât des lois particulières à chaque secte, dans un pays qui les reconnaît toutes, sans en préférer aucune ; ne faudrait-il pas se hâter de revenir à des principes plus vrais, plus conformes à la première de toutes nos lois, à cette Charte qu'il faut entourer de toutes nos forces, parce qu'elle est notre ancre de salut, notre port après la tempête ? Vainement donc me citerait-on des arrêts contraires à la doctrine que je soutiens, je répondrais avec un grand jurisconsulte : *Suivons la loi, c'est le soleil.*

Je veux prouver que l'obligation imposée aux juifs de prêter serment *more hebraïco*, anéantit tout à la fois l'égalité devant la loi et la liberté des cultes. Qu'on veuille bien me suivre avec réflexion.

§. I.er

Elle détruit l'égalité devant la loi.

Point d'anciennes autorités à invoquer pour soutenir ma cause.

Avant 1789, l'égalité devant la loi n'était qu'un vain mot; tous les citoyens trouvaient justice, parce que la magistrature fut toujours ce qu'elle est encore, la sauve-garde de tous; mais tant de priviléges à certaines classes, mais le pouvoir législatif placé dans des mains investies du pouvoir exécutif, mais le défaut de garantie contre les actes arbitraires ne permettaient pas de proclamer l'égalité, même en principe. Je ne puis donc rien chercher dans ces temps que l'intervalle de plusieurs siècles semble déjà séparer de nous. Depuis la révolution, cette question a été rarement traitée; on semble n'avoir voulu résoudre qu'une seule difficulté : ce serment gêne-t-il la liberté des cultes? Nous verrons plus tard par quels moyens on est arrivé à conclure qu'il la protégeait. Mais sur l'égalité, nous trouvons peu de décisions textuelles. D'où provient ce silence? La raison n'en est pas difficile à découvrir. Plus de dix-sept siècles avaient appesanti un joug de fer sur la nation juive : brûlés ou chassés, méprisés ou spoliés, les descendans de ce peuple qui fut, d'après la religion chrétienne elle-même, le père de tous les autres, n'étaient plus regardés que comme des *déicides*; les plus ridicules préjugés, les plus odieuses préventions les écrasaient de leur poids, et l'on a vu, de notre temps, dans les états du Pape que la France a revendiqués, des hommes obligés de vivre dans des quartiers séparés, où on les renfermait sous la clef à certains jours, et qui ne pouvaient sortir de leurs demeures, sans porter une marque humiliante qui les signalait à tous les autres habitans de la ville! Quel dut être l'étonnement de ces hommes, lorsqu'ils apprirent qu'ils étaient au rang de ceux qui les avaient si long-temps proscrits! Que d'années il faudra pour détruire le souvenir de cette longue et cruelle servitude! Que d'années pour étudier, que d'années pour connaître ce qu'ils sont! Croyez-vous que, dès les premiers momens, ils vont se plaindre d'une entrave mise à ce bienfait inattendu? Heureux, trop heureux d'être libres, d'être hommes, il faudra peu à peu connaître les droits et les devoirs de citoyens. Si on les soumet encore à certaines formalités, à certaines pratiques, ils n'apercevront pas ce qu'on leur ôte au milieu de tout ce qu'on leur rend. Pleins de reconnaissance envers la nation qui les admit dans son sein, croyez-vous qu'ils se plaindront d'une atteinte portée à ce qu'ils osent à peine appeler leurs droits? Non, non, il faudra que leurs fils, devenus les égaux des fils de leurs concitoyens, s'instruisent dans les écoles; que devenus hommes à leur tour, étrangers au temps passé qu'ils n'ont pas connu, dignes du temps présent dans lequel ils vivent, ils veuillent jouir de tout ce que la loi leur donne, en obéissant à tout ce qu'elle prescrit. Alors, mais seulement alors, des voix s'élèveront dans l'enceinte des tribunaux; elles réclameront de ces Magistrats que le respect entoure, toute l'étendue d'un bienfait qui leur est acquis; elles voudront l'égalité, elles l'obtiendront. Telle est, n'en doutons pas, telle est la cause du silence gardé jusqu'à ce moment sur le point important qui nous occupe; à peine, si, dans trente années, un arrêt (1), un jurisconsulte (2) avaient parlé dans notre sens. Mais depuis quelque temps, des discussions s'élèvent; elles appellent l'attention des tribunaux, et le Magistrat, chargé de représenter la société, reconnaît au sein même de la Cour de cassation, les véritables principes. Puissions-nous les faire adopter par la Cour!

Examinons d'abord le système contraire. « Comment, disent les » partisans de serment *hébraïque*, comment choque-t-on l'égalité » en ordonnant un serment d'après un usage constant? Une formalité » au lieu d'une autre ravit-elle un droit, le modifie-t-elle? De » ce qu'un juif aura juré sur la Bible, au lieu de jurer la main » levée, sera-t-il *moins* qu'un autre citoyen? La loi ajoute-t-on, » ne prescrit pas de formalité; nos Codes sont muets; le magis- » trat peut ordonner les formalités qu'il juge convenables pour ras-

---

(1) De la Cour de Turin.

(2) M. Sirey.

» surer sa conscience, au moment de prononcer un arrêt. Tout » cela ne ravit aucune des prérogatives attachées à la qualité de » citoyen ». Ces argumens se lient et se coordonnent. Ils se prêtent un mutuel appui. Discutons les dans leur ensemble.

L'art. 1.er de la Charte constitutionnelle porte : *Les Français sont égaux devant la loi.* Il est bien convenu (personne ne le conteste) que cette égalité est absolue : on admet que l'égalité devant la loi est l'équivalent de ces mots ; aggrégation d'individus, tous *égaux en droits*, tous de niveau, tous les mêmes aux yeux de la loi, tous Français (1).

Il suit de là qu'il n'y a devant la loi que des Français : la loi ne connaît pas de distinction de classes, de cultes, de sectes ; quand elle parle, elle parle aux Français, à tous les Français ; en d'autres termes, quand les pouvoirs constitués rendent une loi, elle est pour la cité française ; elle engage tous les citoyens sans exception ; il n'y a pas une disposition de loi générale qui ne doive s'appliquer *également* à tous sans exception. Toute disposition spéciale à une classe d'individus violerait la Charte : elle eût, avant la Charte, violé la constitution. C'est ainsi, par exemple, que l'horrible décret du 17 mars, outre le principe odieux de la rétroactivité qui l'infecta, anéantit l'égalité devant la loi. Ce que j'avance est incontestable ; tous les sophismes tomberont devant ce principe : *L'égalité est l'absence de toute différence quelconque entre les individus.*

Maintenant que fait-on lorsqu'on soumet tel Français à tel mode de serment que l'on n'impose pas à un autre Français ? N'est-il pas évident que l'on établit une différence entre l'un et l'autre ? Qui peut le nier ? Mais, dira-t-on, on n'établit pas cette différence, on ne fait que proclamer ce qui est ; on peut être à la fois *Français et juif*, et demeurer l'égal d'un Français chrétien. Prenons garde : cet argument n'est que spécieux. Que, dans la société, l'on

---

(1) La loi est égale pour tous, soit qu'elle protège, soit qu'elle punisse.

soit catholique, protestant, juif, anabaptiste, à la bonne heure : mais qu'on le soit *devant la loi*, c'est ce que personne ne saurait sérieusement soutenir. Quel que soit le culte, la loi reconnaît-elle, peut-elle reconnaître autre chose que des Français ? Tous les titres, toutes les qualités, toutes les dénominations s'effacent devant la majesté de la loi : maîtresse souveraine, elle domine également sur tous les membres de la cité ; elle doit être également appliquée à tous. Dès le moment que vous dites à un citoyen : Tu feras autrement que moi tel acte que la loi prescrit, vous ne le laissez plus à votre niveau, vous lui imposez une condition qui le fait sortir de votre classe ; vous créez pour lui une loi particulière ; vous détruisez l'égalité. En vain dira-t-on que ce n'est qu'une simple formalité qu'on exige ; il n'y a rien de petit en pareille matière ; on ne peut pas exiger de moi la plus indifférente de toutes les démarches, si l'on n'a pas le droit de l'exiger de vous : sur ce point, la susceptibilité ne saurait aller trop loin, tout est respectable.

Mais, ajoute-t-on, la loi n'a pas de disposition spéciale pour la forme du serment ; les juges peuvent donc l'ordonner dans la forme qui leur paraît convenable. AUTANT D'ERREURS QUE DE MOTS. D'abord, supposons un instant qu'il n'y ait pas de disposition spéciale, la raison en serait simple : dans les derniers temps qui ont précédé la révolution, l'usage en France était de lever la main et de dire : *Je jure* ; dans le silence de la loi, il faudrait recourir à l'usage. Ici l'on m'arrête en me disant : L'usage pour les juifs était tel que nous l'invoquons ; oui, mais alors l'usage pour les juifs était de leur accorder un asile ou de le leur refuser, selon qu'on avait plus ou moins besoin d'argent ; habitués que l'on était à les regarder comme des hommes à part, on les avait soumis à cette formalité et à beaucoup d'autres dont nous démontrerons bientôt *l'inutilité religieuse*. Laissons donc de côté les usages à l'égard des juifs avant la révolution ; ILS N'ÉTAIENT PAS FRANÇAIS, ILS SONT FRANÇAIS ; la seule chose à suivre, C'EST L'USAGE DES FRANÇAIS.

Mais on se trompe en ne trouvant pas de disposition législative sur la forme du serment. Nos cinq Codes n'en font qu'un, et le Code d'instruction criminelle n'est pas muet à cet égard. L'art. 312 énonce la formalité dans un moment solennel, celui où les jurés prêtent serment : CHAQUE JURÉ LEVERA LA MAIN, ET DIRA : JE LE JURE. Comment des auteurs recommandables ont-ils donc soutenu cette erreur que nos Codes ne fournissent aucune règle à suivre ? Je ne crois pas que l'on me dise que cet article n'est pas applicable hors de l'espèce pour laquelle il a été créé. Si on le disait, il nous serait facile de répondre 1.° qu'il est de règle certaine qu'une disposition spéciale de la loi s'applique à tous les cas où il y a parité de raison ; 2.° qu'un nombre infini d'arrêts ont jugé que là où le Code criminel ne renfermait pas de disposition spéciale, il fallait suivre la loi civile, et *vice versâ* ; 3.° enfin que tous les jours, soit en matière criminelle, soit en matière civile, les témoins jurent ainsi, les parties jurent ainsi.

J'ai donc prouvé que la loi existe, malgré quelques arrêts contraires ; elle est égale pour tous, et vous ne l'appliquez pas à tous.

Mais n'y eût-il aucune disposition dans la loi, pourquoi soumettre un Français à une espèce de serment qui n'est pas celui des autres Français ? L'usage est la loi, l'usage pour les Français est de lever la main, en disant : *Je jure* ; suivez l'usage pour tous.

On ajoute : mais si l'on soumet un chrétien à lever la main en disant : *Je jure*, pourquoi ne pourrait-on pas soumettre un juif à prêter serment, le chapeau sur la tête, et la main sur la Bible ? Et l'on ne voit pas que cet argument ne suppose, dans l'enceinte des audiences, que des juifs, des protestans, des catholiques, et n'y suppose plus des Français ! Ce n'est pas le chrétien que vous soumettez à ce serment, c'est le *sujet de la loi*, c'est le Français qui doit obéir, et qui doit n'obéir qu'à la loi. Or, le citoyen qui vous dit : Je veux prêter le serment de la loi, qui peut le forcer à en prêter un autre ?

On se retranche derrière des absurdités. Vous ne serez pas religieusement engagé, le serment est un acte religieux. Ah ! que nous aurions besoin de nous entendre sur ce mot : *Acte religieux !* Quelle discussion il amènerait, surtout relativement aux juifs ! Pourquoi le regardez-vous comme une acte religieux ? C'est que vous invoquez tacitement le nom de Dieu. Et si les juifs ne peuvent l'invoquer sans sacrilége ! Si la plupart d'entr'eux attachent l'idée d'un crime à prononcer, à rappeler ce nom redoutable (1) !...... Imprudens ! qui portez la théologie dans le sanctuaire des lois, qui nous obligerez à dévoiler ici tous les impénétrables mystères d'une conscience alarmée, voulez-vous que nous entrions dans cette arène où l'on ne vit jamais ni vainqueur ni vaincu, mais seulement des oppresseurs et des opprimés ? C'est la conscience et non la religion qu'il faut appeler devant les Magistrats : Dieu est dans la conscience ; malheur à qui la souille d'un mensonge ! Mais le serment est un acte *civil et de conscience* qui lie les sectateurs de toutes les religions. Qui vous a dit d'ailleurs que le juif n'est pas lié lorsqu'il lève la main ? Dans quel livre avez-vous lu ce blasphème ? Vous l'avez cru, sur la foi de ces préjugés gothiques et ridicules qui vous représentaient le peuple juif, comme une horde à qui le faux serment et l'usure étaient permis, pourvu que ce fût contre des chrétiens : préjugés déplorables par lesquels on voulait justifier de terribles persécutions. Ainsi, lorsqu'on voulait livrer aux flammes les premiers chrétiens, on les accusait de prêcher contre le prince, eux qui présentent dans leur admirable morale ces paroles de leur Dieu : *Rendez à César ce qui est à César* ! C'est que l'intolérance a toujours le même langage ; elle accuse ses victimes, de peur qu'on ne les plaigne. Hélas ! il n'est que trop vrai, ces idées contre la loyauté d'un peuple si long-temps foulé aux pieds, n'ont pas perdu toute leur influence ; elles vivent encore

---

(1) Il est certain que beaucoup d'israélites donnent à ces mots du Décalogue : *Tu ne prendras pas le nom de ton Dieu en vain*, une telle interprétation, que si Dieu devait intervenir dans le serment, ils n'oseraient le prononcer.

au milieu de nous ; elles ont pénétré jusques dans le sanctuaire de la justice, et des arrêts ont proclamé comme une vérité constante qu'un serment simple ne liait pas les juifs ! Ainsi l'injure la plus sanglante a été dirigée contre tous les sectateurs de la religion de Moïse, et cette injure, il faut bien le dire, est partie du sein même des tribunaux ! Que leur voulez-vous à ces citoyens, vos égaux, et d'où naît cette outrageante distinction ? Qu'ont-ils fait depuis que la France les adopta, qu'ont-ils fait pour les flétrir, en les déclarant incapables d'être liés par l'honneur et la conscience ? Que leur reprochez-vous ? Des vices que vos persécutions leur auraient donnés, mais qui se sont éteints depuis qu'on leur a rendu la dignité d'hommes. Jaloux de se signaler par leur bonne conduite, ils disputent à tous l'honneur d'être les meilleurs français ! Ils sentent qu'ils ont des devoirs immenses à remplir en compensation d'un immense bienfait ; ils ne se féliciteraient pas comme le Spartiate de voir en France de meilleurs citoyens, ils veulent être dans le nombre. Messieurs, voilà bientôt dix ans que j'ai l'honneur de porter la parole devant cette Cour, quel est le juif qui, dans ces dix années, a paru sous le poids d'un délit ou d'un crime ? Aucun. Et cette fatale habitude d'usure qu'on leur a tant reprochée, contre qui l'a-t-on prouvée dans ces derniers temps où mille procédures ont signalé tant d'usuriers ? Deux juifs seulement ont été poursuivis dans tout le midi, et encore de légères condamnations ! Ainsi s'anéantissent toutes ces misérables accusations. Oui, Messieurs, les juifs sont guidés aussi par la voix de l'honneur et de la conscience ; faisons taire ces préjugés dont on veut les accabler encore. Magistrats, que vos arrêts donnent le signal ; soyez nos protecteurs, tendez la main à des hommes qui ont droit à votre appui ; soutenez-les par votre force, et comptez sur leur reconnaissance ; ils ne connaissent pas l'ingratitude. Alors, quand on vous verra proclamer des vérités jusqu'à présent méconnues, quand on vous verra dédaigner des erreurs funestes, et ne plus tolérer d'odieuses distinctions, le préjugé s'effacera sans peine. Le siècle de la Charte ne demande que l'égalité. Cette salutaire révolution, c'est à vous que nous aimerons à la devoir ; un tel soin est digne de cette magistrature si éclairée et si indépendante : guerre aux préjugés, honneur aux lumières, c'est la devise du siècle, c'est la vôtre.

Du reste, quand nous soutenons que les juifs sont liés par un simple serment, nous le soutenons comme une vérité incontestable, et nous l'appuyons sur l'opinion des plus fameux docteurs de la loi, reproduite dans une décision doctrinale dont nous allons donner un extrait.

Ici l'avocat lit une décision rendue par les grands Rabbins du consistoire de Paris, dont voici les principaux passages :

Maïmonides (liv. VI, *Traité des sermens*, chap. I). « Il y a quatre es- » pèces de sermens ; 1.° le serment relatif à un objet ou fait indifférent ; » 2.° le serment tendant à affirmer une proposition tout-à-fait inutile, » absurde ou inexécutable ; 3.° le serment du dépôt et de tout ce qui con- » cerne le *tien* et le *mien* ; 4.° le serment testimonial ». Le même auteur (chap. II) : « celui qui fait un de ces quatre sermens, soit qu'il le pro- » nonce lui-même, soit que, lui étant déféré par un autre, il réponde *amen*, » fait un vrai serment, même dans le cas où celui qui lui propose le » serment serait non israélite ou mineur ; attendu que quiconque répond » *amen*, après la délation du serment, est censé l'avoir prononcé de sa propre » bouche, et il en est de même lorsqu'en place du mot *amen*, il répond » par toute expression équivalente, comme s'il disait *oui*, ou *je me tiens* » *lié par ce serment*, ou *je prends ce serment sur moi*, et autres phrases » semblables. Dans tous les cas, il est lié à tous égards par force de ser- » ment, et soumis à la peine afflictive et au sacrifice expiatoire s'il se rend » parjure ».

Que l'on consulte le même auteur au chap. I.er dudit Traité où il explique toutes les particularités concernant ces quatre espèces de sermens, et l'on se convaincra qu'il ne fait pas la moindre mention de formalité cérémonielle, ni quant au lieu où le serment doit être prêté, ni quant à prendre à la main le *Sépher Thorah* ou tout autre livre que ce soit ; ce qui prouve évidemment que l'essence et la force du serment consistent uniquement dans les paroles et l'expression par lesquelles on affirme ce qui en fait l'objet.

La même disposition est portée dans le code *Schulkan Arouk* (part. II, *Traité des sermens*, chap. 237, §. I). « Celui qui dit : *Je jure de faire ou* » *de ne pas faire telle ou telle autre chose*, fait un vrai serment, quoiqu'il

» n'ait pas exprimé le nom de Dieu ni aucun des attributs qui lui sont » propres ».

Le docteur Israël, dans ses notes sur ce passage, ajoute : « Il n'y a aucune différence entre prononcer le serment en langue sacrée et en quelque » autre idiôme que ce soit ». Le *Schulkan Arouk* (ibid. §. II), dit : « Si une autre personne défère le serment au jurant, en lui disant : *Je » te conjure de faire ou de ne pas faire telle ou telle autre chose*; et que » ce dernier réponde *amen*, ou par toute autre expression dont le sens est » qu'il accepte le serment, comme par exemple : *oui*, ou *j'accepte votre » proposition*; le serment a la même force que si le jurant l'avait prononcé » de sa bouche, quand même la personne qui le lui a déféré serait non » israélite ou mineur ».

« *Nous déclarons en conséquence, au nom et en hommage de la vérité, que, » d'après nos dogmes et nos rites, le serment judiciaire prêté par un israélite » dans quelque cas et en quelque lieu que ce soit, en prononçant ces paroles :* » Je jure, *selon la forme généralement en usage en France, est pour lui un » acte religieux qui a toute la force et la rigueur du serment, et qui l'oblige » en conscience à dire la vérité; et ce, sans qu'aucune autre intervention, au» cune formalité ni cérémonie quelconque soient nécessaires* ».

Maintenant, reprend l'orateur, à quel homme sensé fera-t-on croire qu'un juif n'est pas lié quand il jure, n'importe avec quelle formule? Et s'il est lié, quelles garanties n'offre-t-il pas à la justice ! Jamais peuple ne fut plus que le peuple juif soumis à la foi du serment; un serment, même *surpris par le dol et la fraude*, même *échappé à l'erreur*, était sacré pour lui ; il l'était même en faveur des idolâtres. (Voy. Rahab et les Gabaonites dans Josué). C'est que Dieu avait dit : Je punirai les péchés des pères sur les enfans, jusqu'à la troisième et quatrième générations de ceux qui me haïssent; et qu'il l'avait dit après ces mots : Tu ne prendras pas le nom de ton Dieu en vain ! ......

Avons-nous suffisamment réfuté la doctrine qu'on nous oppose? Avons-nous suffisamment prouvé que soumettre les juifs à un serment particulier, c'est *violer l'égalité devant la loi*? Nous appelons la contradiction, nous la demandons hautement ; que l'on vienne, avec de meilleurs argumens, si l'on peut en découvrir, et nous ne refuserons pas de discuter encore. C'est la lumière que nous voulons de bonne foi. Nous sommes dans un siècle où tout se pèse, où tout se commente. On nous opposera la jurisprudence; mais attendez, elle ne reste pas stationnaire; elle marche à grands pas dans la carrière où nous l'appelons. Nous avons vu en effet la Cour suprême consacrer des arrêts qui établissaient *l'obligation* de prêter le serment *more judaïco*. La Cour royale de Colmar avait même frappé de nullité des témoignages prêtés par les israélites sous la foi du serment ordinaire; mais voici que la Cour régulatrice revient à de saines doctrines, et c'est dans son sein qu'ont été dites ces paroles:

Il est évident que le législateur a voulu que le serment fût obligatoire pour tous les Français sous les rapports de la morale et de la religion. S'il a fallu admettre une exception, elle tient au principe qui consacre la liberté des cultes. Il est des sectes religieuses qui défendent d'invoquer le nom de Dieu en justice, qui interdisent ce serment. La Cour de cassation a pensé qu'on ne pouvait pas contraindre un témoin à prêter serment, quand sa religion le lui défendait. Mais, lorsque la religion d'un individu ne lui défend pas de prêter serment suivant la formule légale, quand lui-même ne se refuse pas à le prêter, vous en avez conclu avec raison que cet individu considérait, dans sa conscience, ce serment comme obligatoire pour lui, moralement et sous le rapport religieux. Aussi avez-vous *par cinq arrêts successifs, rejeté des pourvois fondés sur ce que des israélites, appelés comme témoins dans des procès criminels, avaient prêté serment suivant les formes prescrites par l'art.* 317 *du Code d'instruction criminelle.*

Messieurs, en rejetant le moyen proposé, loin de porter atteinte à la liberté des cultes, *vous faites voir que tous les Français sont soumis à la loi commune; qu'ils prêtent serment dans les formes prescrites par la loi commune, toutes les fois que leur religion ne le leur interdit pas.* Or, comme rien ne prouve que la religion des juifs s'oppose à la prestation de ce serment, le moyen n'est nullement fondé. Nous estimons qu'il y a lieu de rejeter le pourvoi.

Le procès est là tout entier: cette égalité, cette communauté dans la loi, nous la réclamons aujourd'hui. Voici l'arrêt de la Cour de cassation :

« Attendu que les témoins, qui professent une autre religion que la religion de l'État, peuvent demander à prêter serment suivant le rite de leur religion ; que, si l'accusé et le ministère public peuvent requérir qu'ils soient tenus de prêter serment suivant ce rite, il ne s'ensuit nullement que les témoins qui, avant leur déposition, ont été admis au serment prescrit par la loi, n'aient pas accompli l'obligation qui leur était imposée, et n'aient pas donné à la société et à l'accusé la garantie que le législateur a voulu leur assurer en les obligeant de déposer sous la foi du serment ;

» Que si, dans l'espèce, un témoin, quoique juif de religion, a prêté serment dans la forme ordinaire, sans réclamation de sa part, ni de celle des accusés et du ministère public, il n'en saurait résulter une violation de l'art. 317 du Code d'instruction criminelle.

» Attendu d'ailleurs la régularité, etc.

» La Cour rejette le pourvoi (1) ».

Peut-être nous dirait-on encore que les motifs laissent supposer que l'accusé ou le ministère public pouvait requérir ; mais outre que l'arrêt ne dit pas si la Cour d'assises doit écouter une pareille réquisition, il déclare que *toutes les garanties ont été données à la société et à l'accusé par le serment ordinaire*. Si donc un serment ordinaire d'un juif donne toutes les garanties, quel autre serment voulez-vous ? Aussi chaque jour devant les Cours d'assises, des jurés, des témoins israélites prêtent le serment ordinaire, sans réclamation. L'usage proteste contre quelques arrêts, et ce n'est que dans le cas où des intérêts civils sont en jeu, qu'on voudrait un serment particulier ! Quoi, vous remettez à un juif le sort d'un catholique, son honneur, sa fortune, sa vie ; il est juré : vous l'écoutez lorsqu'il peut envoyer à l'échafaud un accusé ; il est témoin : vous n'exigez alors de lui que le serment ordinaire, et vous en

(1) *Gazette des tribunaux*, du 20 mai 1826.

voulez un autre lorsqu'il s'agit d'une misérable somme d'argent! .... On ne se rend pas encore, on ajoute : mais juré, témoin, son intérêt ne lutte pas avec sa conscience ; pitoyable argument ! Ce même témoin qui est partie plaignante, lorsque l'accusé aura été condamné, viendra réclamer des dommages devant les tribunaux civils, et sa demande sera nécessairement accueillie ; et cependant, c'est sur son témoignage, rendu sous le serment ordinaire, que l'accusé fut convaincu du crime...... Répondez. Ce système n'est-il pas le plus absurde de tous les systèmes ?

Enfin, que l'on cesse de dire que la loi permet d'imposer aux juifs un serment particulier ; elle s'y oppose, en refusant au juge le pouvoir de les y contraindre. Ici la démonstration devient plus complète encore. Pour prêter le serment *more judaïco*, il faut la présence de la partie qui le prête, et la présence du Rabbin qui le dicte et le consacre religieusement. Mais les Magistrats n'ont de pouvoir légal que sur les parties qui portent devant eux leurs contestations ; ils n'en ont plus à l'égard des citoyens qui ne sont pas en cause. Voici donc un arrêt qui imposera le serment *judaïque* à l'appelant ; on le signifie au Rabbin pour qu'il vienne prêter l'appui de son saint ministère ; il s'y refuse. Qui pourra l'y contraindre ? Le Magistrat ? Il ne le peut que si la loi en donne les moyens, et dans la loi, point de disposition pénale ! La partie veut obéir à votre arrêt, le ministre de la religion ne veut pas l'exécuter. Eh quoi ! Messieurs, un arrêt de cette Cour aura besoin pour être exécuté de la *bienveillance* d'un Rabbin ! Qu'ai-je dit ? Le *veto* du Rabbin réduira votre arrêt à néant ! C'est en vain que l'on opposera ce respect, cette obéissance si justement dus à toutes vos décisions ; un citoyen répondra : La décision ne peut m'atteindre ; ministre de Dieu, je n'obéis pas à l'homme, quelle que soit son autorité, lors qu'il vient s'immiscer dans le culte ! C'est en vain qu'au nom du Roi, de qui émane toute justice, l'arrêt ordonnera aux Procureurs-Généraux de prêter main-forte ; les Procureurs-Généraux seront aussi sans pouvoir, il faudra que l'arrêt tombe, parce que la loi n'autorise pas l'emploi de la force publique contre celui qui le paralyse! Tel est en effet, Messieurs, l'immense bienfait d'un régime constitutionnel, que les Magistrats eux-mêmes ne sauraient franchir le cercle de leurs attributions. Est-ce donc à vous qu'on a besoin de faire entendre ce langage? Dignes de la haute mission qui vous fut donnée par le Prince, jaloux d'appliquer la loi et non d'étendre vos droits hors de leurs limites, vous savez que le respect de vos concitoyens et l'estime publique sont la récompense de vos généreux efforts, de votre zèle infatigable. Aussi éclairés que ces anciens corps de magistrature, qui furent l'orgueil de la France, vous n'enviez pas leur autorité sans bornes qui rompait l'équilibre des pouvoirs, si sagement balancés dans nos institutions nouvelles, que sans jamais se nuire, ils se prêtent un mutuel appui. Restez donc, Messieurs, restez dans la loi, et vous trouverez partout l'obéissance : que s'il arrivait que l'on sollicitât de vous un arrêt qui pût ne pas être écouté; convaincus alors que la loi n'en consacrerait pas les dispositions, rejetez une demande que l'on n'aurait pas dû porter devant vous, et faites justice de tous les vains sophismes par lesquels on outragerait votre sagesse et vos lumières.

Terminons cette première partie d'une importante discussion, par cette réflexion si sage et si juste de M. Prost du Royer :

« Serait-il donc impossible d'imaginer un serment qui, *sans* » *gêner le culte*, *assujétît également tous les hommes*? Ne pour» rait-on pas le réduire à l'honneur, à la vertu, à la probité, » à la vérité même? Grande question, digne d'être méditée »!

Cette grande question, l'égalité devant la loi, la liberté des cultes l'ont résolue.

§. II.

L'obligation de prêter serment more judaïco *est contraire à la liberté des cultes.*

Oui, Messieurs, l'égalité devant la loi, la liberté des cultes ont résolu cette grande question sur laquelle Prost du Royer appelait les méditations des hommes d'état : par l'égalité, tous les citoyens sont soumis à un *serment commun qui les oblige tous ;* et, grâce à la liberté des cultes, ce serment ne *gêne pas* les idées religieuses, puisque chacun *a le droit* de le prêter selon sa religion. Qui le croirait cependant ? de ce que ce droit est acquis à chaque individu, l'on a voulu en conclure qu'on pouvait lui en *imposer l'obligation* ; et, chose étrange ! on a déclaré que l'on rendait hommage à la liberté des cultes, lorsqu'on l'étouffait, en quelque sorte, au berceau. Ne semble-t-il pas voir ces hommes qui préludaient à l'anéantissement de toutes les religions, par un culte publiquement rendu à l'Être Suprême ? Ah ! défions-nous de ces hommages qui consacrent un abus ! Le seul hommage à rendre à la liberté des cultes, c'est d'exécuter dans ses termes et dans son esprit l'art. 5 de la Charte constitutionnelle, ainsi conçu : *Chacun* professe *sa religion* avec une *égale liberté*, et *obtient* pour *son culte* la *même protection*. Que l'on pèse chacune des expressions de cet article, et l'on verra si le jugement que nous déférons à la Cour ne les a pas entièrement méconnues.

D'après nos adversaires, le serment est un acte religieux et civil ; nous admettrons cette définition. De tout ce qui appartient à l'homme en société, rien n'est plus sacré, rien ne doit être plus à l'abri de toute atteinte que ses opinions religieuses ; il y a entre Dieu et l'homme je ne sais quel intervalle que notre conscience franchit, dans lequel elle s'élève, mais où nul autre mortel n'a le droit de se placer. Dans ce culte passionné de la créature pour son créateur, il faut que tout soit respecté, même ce que l'on ose appeler *préjugé religieux* ; car l'homme ne peut pas juger l'homme dans un *commerce* de l'homme avec Dieu. Aussi le respect de la Charte pour la religion se manifeste par des expressions tout-à-fait remarquables : *Chacun* professe *sa religion* avec une *égale liberté* et *obtient* pour son *culte* la *même protection*.

Qu'on relise attentivement ces paroles : le Roi législateur a soigneusement distingué la *religion* du *culte* ; il s'est bien gardé de promettre *protection* à la première, elle était plus forte que la loi; la religion, c'est la conscience, c'est Dieu; la liberté, voilà sa compagne, son attribut, sa nécessité. C'est *le culte* qui OBTIENT la *protection* de la loi, et là chaque mot est à sa place: le culte est l'hommage public rendu selon le rite de chaque secte religieuse; il a besoin de protection, parce que, s'il n'est pas le plus fort, il peut être attaqué; il réclame cette *protection*, il *l'obtient*. Ainsi des temples et des synagogues s'élèvent à côté des églises; ainsi des présidens de consistoires, des pasteurs, des rabbins sont reconnus par la loi comme des évêques et des curés; ainsi l'atteinte portée au culte des protestans et des juifs est punie comme l'atteinte portée au culte catholique: la loi les protége également. Cette distinction entre le culte et la religion est d'une haute importance; on s'en aperçoit.

Je professe ma *religion* avec une entière *liberté*; cela veut dire j'ai la religion que je veux, je la professe, *si je veux* et QUAND JE VEUX; par suite, je n'ai pas besoin de la faire connaître aux autres, et les autres n'ont pas le droit de me demander quelle est ma religion. C'est un compte que je ne dois à personne, *pas même à la loi*. La loi, en effet, ne me demande pas quelle religion je suis, elle me laisse libre, sans me scruter, sans m'interroger. Aussi, lorsque je parais devant elle, ne craignez pas qu'elle s'informe de la religion que je professe, elle n'en sait rien, elle ne veut pas le savoir, elle ne voit qu'un citoyen qui réclame ses bienfaits. En d'autre termes, la loi ne connaît ni juif, ni protestant, ni catholique, elle ne connaît que des Français. Il suit de là non pas que la loi est athée, elle serait barbare, mais que la loi est sans religion spéciale, sans religion particulière; cela est si vrai que l'art. 6 de la Charte dit que la religion catholique est LA RELIGION DE L'ÉTAT, et non LA RELIGION DE LA LOI. La loi les embrasse toutes, sans en distinguer aucune.

Nous arrivons maintenant à cette conséquence que, si un citoyen est obligé de faire savoir sa religion à la loi, il n'est plus libre religieusement; cette pensée religieuse renfermée dans le sanctuaire de la conscience ne permet pas qu'on l'interroge ; elle est muette à tous. Comment en effet savoir de quelle religion je suis ? Né dans la secte des hébreux, je puis avoir secrètement passé dans un autre culte ; les eaux du baptême peuvent s'être répandues sur ma tête dans l'ombre du mystère ; tant de motifs humains peuvent commander le secret ! et vous me forcez à le dévoiler ! *Forcer* ! concevez-vous ce mot en matière d'acte religieux, en présence de la liberté des cultes ? Attendez ; je suis juif, mais pour échapper au serment *more judaïco*, je soutiens que je suis catholique. Qui osera prétendre le contraire ? Faudra-t-il ordonner une enquête pour prouver mon culte ? Faudra-t-il que je sois tenu de dire à la justice : un tel prêtre m'a baptisé ? Si je dis que c'est un prêtre mort depuis longues années, que m'opposera-t-on ? Peut-être que je ne suis pas écrit dans ces registres où le clergé catholique consigne les naissances, les mariages, les décès ; mais je répondrai : Une condition expresse de ma conversion fut que l'on n'en ferait aucune mention dans les registres. Me croirez-vous ? J'échapperai au serment. Ne me croirez-vous pas ? Vous vous exposerez à me faire prêter un serment d'après un rite qui peut n'être pas le mien. Dans tous les cas, vous me placez entre le sacrilége et le mensonge.

Et si j'ajoute : De quel droit venez-vous ici me demander à quelle religion j'appartiens ? Qui vous a donné le pouvoir de m'interroger ? Dans quelle loi prenez-vous cette redoutable puissance ? Je me suis fait moi-même une religion qui ne ressemble pas à celle que vous connaissez, elle est toute de conscience, elle n'a point de culte extérieur ; que me voulez-vous ? Laissez-moi libre. Où sera la réponse ? Qui se chargera de la faire ? On me dit : Vous êtes juif, on vous demande un serment *more judaïco*, c'est consacrer votre culte. Je réponds : Vous dites que je suis juif, mais pourquoi ? Parce que je suis né dans la religion juive, et que vous présumez que je ne l'ai pas quittée ; parce que peut-être vous m'avez vu entrer dans les synagogues et faire des cérémonies qui prouvent que je suis la loi de Moïse. Mais suis-je encore aujourd'hui ce que j'étais hier ? Econtez-moi : Je n'ai pas encore quitté cette antique religion ; mais j'ai perdu la foi, je ne la crois plus vraie, je ne veux plus la pratiquer, gardez-vous de me *violenter.* Gardez-vous de m'obliger à un serment auquel je n'ai déjà plus de confiance ; car votre espoir même serait déçu : je jurerais si j'y étais forcé, mais je ne ferais qu'une momerie, au lieu d'un acte religieux.

Admettons cependant que je suis juif ; vous consacrez mon culte, dites-vous ; mais dans chaque religion, il est des choses que les uns croient, que les autres repoussent ou expliquent à leur manière ; le dogme de l'infaillibilité n'existe que dans la religion catholique : or, si un juif vient déclarer qu'il trouve dans le Décalogue la défense d'invoquer le nom de Dieu, entamerez-vous avec lui une savante discussion pour lui prouver qu'il n'entend pas bien cette admirable loi ? Après avoir appelé des témoins pour *constater le culte*, faudra-t-il appeler des Rabbins pour *constater le sens* des saintes écritures ?

Cependant le Code civil autorise le juge à déférer le serment ; si vous n'obéissez pas au Magistrat, la loi est violée, cette infraction doit être punie.

Eh ! Messieurs, à qui parle-t-on de rébellion envers le Magistrat ? Les israélites d'aujourd'hui ne peuvent-ils pas dire, comme leurs pères ? *Fut-il jamais au joug esclaves plus soumis ?* Ils est vrai, grâce au ciel, qu'aujourd'hui plus de joug, plus d'esclavage ; l'égalité devant la loi, la liberté des cultes pour eux comme pour tous ; mais aussi la soumission la plus absolue à la loi, aux Magistrats. Ils veulent obéir, ils veulent prêter serment ; ils réclament seulement contre un usage qui les sépare des autres citoyens, contre un usage qui n'est pas celui des Français : car enfin, il faut les laisser en dedans ou les mettre en dehors de la loi. Dans le premier cas, point de différence ; dans le second, c'est peu de déchirer pour eux le pacte social ; on ne se doute pas où la différence que l'on veut établir peut entraîner dans l'application.

Ici, Messieurs, un autre ordre de chose appelle votre attention.

Le sujet que je traite est inépuisable, mais j'arrive au point le plus *délicat*. On veut que le juif prête serment *hebraïco more*; c'est bien dire en d'autres termes que l'on veut lui faire faire un acte de sa religion; suivons les conséquences de cette obligation qu'on veut lui imposer. La loi juive se divise en deux parties : loi mosaïque, loi rabbinique. Le serment qu'on exige de l'israélite et dans lequel Dieu est invoqué, la loi mosaïque ne le permet que dans trois cas, la loi rabbinique, jamais. Il est permis de le déférer à celui qui, cité en payement d'une dette, déclare en avoir payé une partie, et n'être débiteur que du surplus; à celui qui nie une dette, mais qui est démenti par un témoin, enfin, à celui sous la garde duquel on plaça un objet animé ou inanimé, et qui répond à la réclamation du propriétaire : Ce que vous m'avez confié a disparu, s'est perdu, a péri par cas fortuit. Hors de ces trois cas, le serment tel qu'on le fait prêter aujourd'hui, était un acte d'impiété, un sacrilége : on invoquait le nom de Dieu en vain. On appelait ce serment, serment de la loi. Les Rabbins en permirent un autre; on le désigna par serment simple ou serment des juges. La différence entre l'un et l'autre était immense. Pour prêter le premier, on plaçait la main sur le livre sacré, on invoquait le nom redoutable, on désignait Dieu par l'un de ses attributs, comme le Tout-Puissant, l'Etre des êtres, le Dieu vengeur, etc. Pour prêter le second, aucune forme n'était exigée (1). Celui qui refusait de se soumettre au premier, pouvait de suite être poursuivi sur ses biens; celui qui se refusait au second, était frappé d'abord de l'excommunication de trente jours, ensuite de quelques autres peines, mais ses biens ne pouvaient être saisis. Enfin, le premier ne pouvait être ordonné que dans les trois cas dont j'ai parlé; le second pouvait l'être toujours, sauf dans certaines circonstances exceptionnelles.

Voyez-vous maintenant, Messieurs, dans quel embarras vous placez

(1) Voy. la décision citée, pag. 11 et 12.

un juif à qui vous prescrivez le serment mosaïque ? Vous voulez, dira-t-il, que je sois juif et vous me faites violer cette loi juive que vous invoquez ! De deux choses l'une ! Ou je suis Français, et le serment des Français doit suffire ; ou je suis juif, et vous ne pouvez m'obliger à commettre un sacrilége. Dira-t-on maintenant que l'on respecte la liberté des cultes ?

Poursuivons, et d'autres difficultés non moins graves se présentent. La loi rabbinique a permis le serment simple, mais avec des exceptions ; la loi française permet le serment dans tous les cas. Il pourra donc se trouver telle circonstance où la loi juive sera contraire à la loi française ! Mais si vous parlez à un juif, comment lui prescrire un serment lorsque sa loi le défend ? Ne sortons pas de notre cause, la difficulté s'y trouve. Voici, Messieurs, quelques passages que je traduis du *Schoulkan Arouk*, c'est-à-dire, du Code des lois de ce peuple, que six mille ans présentent aux autres peuples, au moins comme objet de respect. Je lis, et je jure (non pas *more judaïco*, mais sur l'honneur) que la traduction est fidèle.

« Le serment ne peut être prescrit dans cette circonstance : un » homme a fait une vente, l'acquéreur réclame l'objet ; le vendeur » dit : Il n'y a pas de vente, ou bien la vente est simulée, sous » certaine condition ; l'acquéreur répond : Non la vente est réelle, » elle a eu lieu ; elle est constatée par écrit : Ou bien le créancier » a fait une quittance qui libère le débiteur, lors même que des » témoins sauraient que l'argent n'a pas été remis, le débiteur est » libéré ». (dans le for extérieur, bien entendu).

Nous sommes dans l'une et l'autre hypothèses. Nous avons une vente écrite et une quittance. Vous nous ordonnez de prêter serment *more judaïco*, et nous vous prouvons que ni le serment mosaïque ni le serment simple ne peuvent être imposés à un juif dans l'espèce de la cause. Où en sommes-nous ? Quel est donc ce nouveau *droit de secte* qu'il faut discuter devant la majesté de cette audience ? Quelle est donc cette loi qu'il faut opposer à la loi ?

Je parle de Moïse, des Rabbins, je vais tout-à-l'heure parler du Christ ! ..... Sommes-nous donc refoulés tout-à-coup au 15.me siècle ? Le champ des discussions religieuses se rouvre-t-il devant nous ? Paraissez chrétiens de toutes les sortes, catholiques, protestans, luthériens, grecs, anabaptistes ; paraissez sectateurs de Moïse, de Confucius, de Mahomet, la lice est prête, l'arène vous attend. Où donc ? Grand Dieu ! Dans le sanctuaire de la justice ; chez le peuple le plus tolérant, au 19.me siècle, en présence de la Charte ! Ah ! Messieurs, bientôt il nous faudra dire comme le poëte : *Incedo per ignes suppositos cineri doloso* ; nous marchons sur des charbons ardens. Hâtons-nous, hâtons-nous de sortir de ce chaos ; rentrons dans la loi.

Mais quoi ! ajoute-t-on, vous aurez le droit de réclamer le serment *more judaïco*, et je n'aurais pas le droit de vous le faire prêter ? Que l'on y réfléchisse, et cette objection s'évanouit. Libre dans ma religion, je l'exerce sans contrainte et quand je veux ; vous ne pouvez donc exiger de moi un acte avec des formes religieuses qu'il ne me convient pas d'employer, autrement point de liberté ; mais d'un autre côté, protégé dans mon culte, je demande à faire un acte de ma religion ; il faut qu'on me l'accorde, autrement plus de protection. Si quelque inconvénient devait se rencontrer dans ces principes, il faudrait s'en consoler par cette vérité, que toutes les lois humaines ont quelques imperfections, mais qu'ici on les racheterait par d'immenses avantages. Où sont-ils d'ailleurs les inconvéniens de notre doctrine ? La liberté des cultes dans toute son étendue, sans restriction, ne peut produire aucun mal ; elle répand, sans mélange, le bonheur, la concorde, la paix entre tous les citoyens ; là où les cultes sont libres, ils ne sont plus ennemis ; le fanatisme s'enfuit des lieux ou règne cette heureuse liberté. Laissez, laissez tous les vœux et tous les encens monter jusqu'au ciel !. Hommes, ne vous interposez pas entre les hommes et Dieu ! Magistrats, ne mêlez pas à des lois civiles des pratiques religieuses. La loi parle et quand elle a dit : Les Français prêteront serment, elle n'a pas renvoyé au Talmud, au Décalogue, à l'Evangile; c'est en audience publique, c'est la main levée qu'il faut jurer. Ne créons pas des dispositions législatives.

Telle est l'opinion d'un jurisconsulte renommé, le dernier qui ait écrit sur la matière qui nous occupe. M. Favard de Langlade, magistrat aussi recommandable par ses lumières que par ses principes religieux, s'exprime dans les termes suivans :

Le serment doit-il être prêté conformément au rite prescrit par le culte que professe la personne assujettie au serment ?

L'article 5 de la Charte constitutionnelle garantit l'entière liberté dans l'exercice des cultes. Si donc le juge ordonne la prestation de serment suivant le rite d'un culte particulier, il oblige à un acte religieux, et dès lors ne semble-t-il pas violer la liberté assurée par la Charte ?

La loi n'exige qu'une chose, le *serment de dire vérité*; et quand le témoin a fait serment, il a rempli le vœu de la loi, qui semble évidemment *faire abstraction de toute croyance à une religion, plutôt qu'à telle autre.*

Si même un témoin prétend que le serment est une promesse faite à Dieu de dire la vérité, et que sa religion lui défend de prendre Dieu à témoin de la vérité, il doit lui être permis *d'affirmer selon sa religion.* C'est, en effet, ce qu'a décidé un arrêt de la Cour de cassation, section des requêtes, du 28 mars 1810, au rapport de M. Pajon, en rejetant le pourvoi en cassation dirigé contre un arrêt de la Cour d'appel de Bordeaux, qui avait permis à un *quaker* de prêter serment en *affirmant en âme et conscience.*

D'un autre côté, par arrêt de 22 juillet suivant, au rapport de M. Borel, la même section a rejeté le pourvoi en cassation contre un arrêt de la Cour d'appel de Colmar, qui avait prescrit à des juifs, témoins dans une enquête, de prêter leur serment selon le rite judaïque, — « attendu (entre autres motifs) que l'art. 262 du Code de procédure prescrit seulement l'obligation de faire prêter aux témoins le serment de dire vérité, *sans en déterminer le mode* ».

Ces décisions sont conformes à la loi 5, §. 1, ff. *De jurejurando*, qui porte : *Divus Pius jurejurando, quod propriâ superstitione juratum est, standum rescripsit*; et, à la loi 34, §. 5, *eod. tit.*, qui dispose : *si de qualitate juramenti fuerit inter partes dubitatum, conceptio ejus in arbitrio judicantis est.* C'est surtout ce dernier texte que la Cour de cassation paraît avoir pris pour règle; *mais ce n'est pas, selon nous, un motif pour que les tribunaux s'écartent de l'esprit général de la législation, qui est de ne point mêler les actes civils avec les actes religieux de tel ou tel culte.*

Cette opinion était depuis long-temps celle de M. Sirey. Il la soutient avec la plus grande force dans la première partie du tome 10 de sa collection, pag. 329 et 330; les réflexions qu'il présente lui avaient été inspirées par les mêmes arrêts dont parle M. Favard de Langlade. Elles se retrouvent, en partie, dans notre discussion; nous citerons encore ce passage:

Mais si l'on peut reprocher aux juifs de se moquer de notre serment simple, on pourra mieux encore adresser ce reproche à l'idolâtre qui adore le soleil, et à l'athée qui ne croit pas en Dieu, et encore à cette autre espèce de mécréans qui veulent bien croire en Dieu, mais qui ne croient pas à l'immortalité de l'âme, qui n'osent pas espérer une vie à venir? Oh! sans doute, pour être conséquent, il faudra établir que les idolâtres et les athées ou matérialistes, ne doivent pas être admis au serment simple, pas plus que les juifs; et, puisqu'à leur égard il n'y aura pas la ressource du serment de secte, il ne restera plus qu'à les priver de l'honneur ou du bénéfice du serment judiciaire, au mépris des articles 1361 et 1366 du Code civil.

Où sera donc alors l'uniformité des lois civiles, l'égalité des droits civils? Que sera devenue la liberté de conscience, reconnue d'un si grand prix? Et cette sage philosophie qui doit distinguer notre siècle?

Le dernier état de notre jurisprudence ou de nos usages voulait que le serment fût une *promesse à Dieu de dire la vérité.*

Gardons-nous d'altérer cette simplicité majestueuse et pacifique.

Et si cette formule alarme le quaker, ou est insignifiante pour le juif, demandons à chacun tout simplement qu'il déclare au juge qu'il jure selon sa religion.

Mais n'allons pas nous enquérir de la religion que chacun professe, n'allons pas subordonner nos formes judiciaires aux pratiques religieuses; ne faisons plus de confusion des fonctions du magistrat avec les fonctions du ministre du culte.

La Cour de Turin avait également adopté ces sages principes; elle rendit néanmoins plus tard une décision contraire. Mais les cinq arrêts de cassation cités dans le réquisitoire de M. Laplagne-Barris et les opinions que nous avons citées ramèneront la jurisprudence.

La question nous paraît maintenant facile à résoudre : nous croyons que la Cour de Nismes mettra dans la balance un arrêt qui la fera pencher du côté des vrais principes. Mais, pour la déterminer et dissiper tous les doutes, s'il en existait encore, je vais lui soumettre quelques observations qui finiront ce Plaidoyer.

Tous les abus naissent du système que l'on voudrait faire prévaloir contre nous. J'ai déjà dit que la religion d'un individu ne peut jamais être que présumée ; il faudra donc ou l'en croire sur paroles, ou admettre des preuves, ou s'en rapporter à la notoriété publique, pour lui faire prêter tel ou tel serment. Premier abus, qui seul détruit la nullité prétendue de l'acte religieux.

Un second abus est celui-ci. Vous soumettez au serment *more judaïco*, mais comment le prêter ? Autant de tribunaux, autant de manières différentes. A Colmar, le juif prête serment sur le *Coscher Sépher Tora* ; on appelle ainsi un rouleau de parchemin contenant le Pentateuque, rouleau sacré qui est renfermé dans l'arche sainte, et qui n'en sort que pour des cérémonies particulières : à Nismes, c'est tout simplement sur un exemplaire hébreu de la Bible, présenté par le Rabbin ; à Carpentras, c'est en levant la main, tête couverte, etc. Nous pourrions citer bien d'autres manières de prêter ce serment. Quelle est la bonne ?

Voici un autre abus, plus grave peut-être. Dans quel lieu prêtera-t-on le serment ? A Nismes, c'est à l'audience ; à Colmar, c'est dans la synagogue ; à Aix, c'est aussi dans la synagogue ; à Avignon, c'est à l'audience, etc. ; que ce soit dans l'un ou dans l'autre lieu, la chose présente les plus déplorables inconvéniens. Est-ce dans la synagogue ? Mais qui donnera l'authenticité au serment ? *Le Rabbin* ? ...... Suivra-t-on l'usage adopté ailleurs ? Un de MM. les Conseillers se rend au temple, et le serment a lieu en sa présence, un procès-verbal en est dressé ! Mais ne sent-on pas tout ce que cet usage a d'abusif? Une synagogue ne s'ouvre qu'à certaines heures du jour pour y prier en commun, et lorsque chacun a prononcé *la prière de sortie*, le lieu saint est fermé. Quel Magistrat voudra intimer l'ordre d'ouvrir le temple, de sortir de l'arche le rouleau sacré, et commander à un Rabbin de faire prêter un serment? Pourquoi l'exposer à un refus légal? Quel moyen pourrait-il employer contre la désobéissance à ses ordres? Attendra-t-il le moment de la prière pour entrer dans la synagogue? Mais si on lui déclare qu'il n'a pas le droit de venir troubler le culte; si quelques juifs ne veulent pas permettre que le *Sépher Tora* soit touché, que fera le commissaire délégué? Enfin, si le Rabbin ne veut pas exécuter l'arrêt, quelle est donc la loi qui l'oblige? .... Où en sommes-nous?

Adoptera-t-on la salle d'audience? Mais le Rabbin peut également ne pas vouloir s'y rendre. Quelle peine lui infligera-t-on (1)? Et s'il vient, quelles nouvelles entraves! Depuis quelques années, toutes les salles d'audience sont décorées de l'image du Christ. Un serment *more judaïco* en face de la croix! Il faudrait des juifs bien tolérans, ou plutôt, il ne faudrait pas être juif pour s'y résigner! Que fait-on? Dans quelques tribunaux, *le Christ est voilé d'un rideau* pendant la cérémonie. O majesté de la justice, quels moyens employés dans ton sanctuaire! J'ai voulu moi-même réclamer à Nismes; un serment *more judaïco* fut ordonné contre Alphandéry. Au jour indiqué, le Rabbin et la partie arrivèrent, on allait procéder à la prestation de serment. Je ne crois pas que les juges du tribunal eussent voilé l'image du Christ; au reste, il n'y avait pas de rideau placé; mais je dis aux Magistrats: Une céré-

(1) Croirait-on qu'un Rabbin ait été condamné à une amende comme un témoin désobéissant? La chose est curieuse, mais elle a eu lieu dans un tribunal. J'ai voulu faire attaquer cette condamnation, le rabbin pacifique aima mieux *rabattre le défaut* !!!

monie juive ne peut avoir lieu dans cette enceinte. Alphandéry pourrait se retirer ainsi que le Rabbin, cependant il veut en finir. Je propose au tribunal de porter l'audience publique à la chambre du conseil, il n'y a pas de croix, Alphandéry exécutera le jugement. On accueillit ma demande. Je ne fais pas d'autre réflexion.

J'ai parlé jusqu'à présent pour les Français juifs qui ont conservé leur religion; mais hélas! s'ils n'en ont point, s'ils se moquent de cet appareil sacré, voulez-vous que la justice tende la main à l'impiété?

Enfin les Français plaident quelquefois contre des étrangers. Supposez qu'à Marseille, un mahométan ait une discussion d'intérêt avec un Français; qu'il ait raison, mais que la conscience du juge ait besoin d'un serment pour dissiper les doutes; l'enverra-t-on dans une mosquée à Constantinople, ou faudra-t-il qu'il envoie chercher un Derviche et un Alcoran pour jurer selon sa loi?....

Finissons. Des volumes ne suffiraient pas. Mais j'ai besoin d'arrêter les Magistrats sur une réflexion que m'inspire la cause même.

Les catholiques ont long-temps juré sur l'Evangile, sur l'Eucharistie, sur les Saintes Reliques; l'image du Christ, aux audiences, laisse croire encore qu'ils jurent sur la croix: dès lors on nous dit: Puisque les catholiques prêtent serment sur la croix, pourquoi ne pas vouloir le prêter sur la Bible? C'est une erreur grave. Lorsque les lois sur la liberté des cultes parurent, lorsque le Code civil fut promulgué, il n'y avait pas dans les palais de justice les croix qu'on y voit aujourd'hui. Tout le monde jurait la main levée, dans une salle où la loi seule veillait, représentée par les Magistrats. Depuis quelques années, le Christ est dans nos audiences: mais s'il rappelle à ceux qui l'adorent cette éternelle vérité que Dieu est partout, le serment du catholique, hors de la présence de la croix, n'en n'est pas moins valable; il n'y a pas de Christ dans les salles où l'on procède aux enquêtes. Quant au juif, il lèvera la main à l'audience, si la croix ne choque pas ses idées religieuses; si au contraire, sa religion était troublée, il demandera, il obtiendra de jurer dans un autre lieu : dans l'une comme dans l'autre circonstance, la liberté des cultes sera respectée. Il jurera comme Français, son serment sera valable; il voudra jurer comme juif, son serment sera valable; mais jamais il ne sera contraint, parce que la contrainte exclut la liberté.

Résumons cette discussion. Tout s'oppose à ce qu'un juif prête un serment particulier; sa qualité de Français, l'égalité devant la loi, sa religion, la liberté des cultes. Sa qualité de Français ne le soumet qu'à la loi, qu'à l'usage général pour tous les Français; l'égalité devant la loi ne permet pas qu'on l'oblige à des formes particulières; sa religion l'autorise à prêter serment en levant la main, et ne prescrit aucune sorte de formalité spéciale; enfin la liberté des cultes repousse tout ce qui suppose la contrainte, elle défend à la loi civile tout ce qui touche à la religion. C'est donc violer à la fois toutes les garanties accordées par le pacte social, que de contraindre le Français juif à prêter un serment *more judaïco*.

Ainsi s'agrandissent aujourd'hui les questions que si long-temps on a légèrement traitées; nous vivons dans une époque où la Magistrature est la sauve-garde de toutes nos libertés et de tous nos droits; les arrêts ne sont plus seulement des décisions sur des intérêts privés, ils agitent les plus importantes questions d'intérêt public, et les Magistrats fixent d'une main assurée la limite des droits et des devoirs des citoyens. Heureuse la France, lorqu'une Charte est sa première loi, de trouver dans le sein des tribunaux le courage qui protège, uni à la force qui consolide nos institutions!

Messieurs, lorsque je fus chargé de porter cette défense devant la Cour, une réflexion, qui vous aura sans doute frappé, dut se présenter à ma pensée. Je prêtai serment quand j'eus l'honneur d'être reçu dans ce barreau; chaque année je l'ai renouvelé : quel est celui d'entre vous qui jamais ait eu l'idée que le serment ordinaire ne me liait pas? Eh quoi! la fidélité au Roi, à la Charte, le respect aux lois et à la magistrature, la délicatesse, la probité, voilà ce que m'impose mon titre d'avocat dont je m'enorgueillis; j'ai juré de remplir ces devoirs, le Roi et les Magistrats n'ont point exigé de moi un serment particulier, et l'on aurait le droit de me prescrire un autre mode, une autre formule, si j'étais partie dans un procès! Depuis près de dix années, des citoyens remettent entre mes mains leur fortune, leur état, leur vie, leur honneur, sur la garantie que leur offre le serment qui me lie; depuis près de dix années, j'ai le privilége de porter la parole devant vous, de concourir par le faible tribut de mes lumières à faire rendre la justice; vous m'écoutez avec une bienveillance qui, chaque jour plus manifestée, redouble mon zèle et mon ardeur; en un mot je suis avocat devant la Cour royale de Nismes, sous la foi du *serment français*, et nul ne se plaint, nul ne proteste, nul ne réclame! Quelle idée faudrait-il donc se former de ce barreau, de cette Cour, de moi, si mon serment n'était pas obligatoire? M'aurait-il admis dans son sein, m'y souffrirait-il au milieu d'hommes si justement estimés, ce barreau qui se recommande par l'honneur autant que par le talent? M'aurait-elle accueilli, m'aurait-elle écouté cette Cour dont on peut dire qu'elle fait éclater autant de vertus que de savoir? Me serais-je enfin présenté pour avoir sinon le droit, du moins le pouvoir de fouler aux pieds un serment qui ne serait pour moi qu'une vaine formule? Hâtez-vous, Messieurs; cessez de prêter à mes paroles une oreille attentive; ordonnez-moi de quitter cette enceinte, de me dépouiller de cette robe que je ne devais pas revêtir; ou bien, par une dérision plus injurieuse encore, qu'on exige la présence d'un Rabbin pour donner à mon serment la force que ma conscience et la voix de l'honneur ne peuvent lui donner! Ah! Messieurs, je ne veux pas assurément répudier mon culte; je vois s'élever et grandir parmi ces juifs trop long-temps écrasés, des hommes qui ne dépareront pas la France qui les adopte: mais je suis né Français, permettez-moi d'être fier de ce beau titre et d'en réclamer tous les droits! Oui, vous me l'avez permis, et ce que vous avez fait pour moi, vous le ferez pour tous les israélites français. Tous attendent, tous réclament votre arrêt; ils savent ce qu'ils doivent espérer de votre indépendance, de vos lumières; leur confiance est entière; elle ne sera pas déçue. Accordez, Messieurs, à 400,000 citoyens un droit qu'on leur conteste vainement. Lavez-les de cette calomnie qui les représente comme des *parjures privilégiés*. Proclamez, proclamez hautement ces grands principes d'ÉGALITÉ DEVANT LA LOI, DE LIBERTÉ DES CULTES. Nous ne demandons pas cette égalité funeste qui avait la mort pour compagne, ni cette liberté sacrilége qui dictait la loi sur des ruines et des cadavres; nous réclamons l'égalité, protectrice des droits, la liberté, protectrice des consciences. Que n'ai-je toute l'éloquence des plus habiles orateurs pour mieux faire ressortir toute l'étendue, toute la portée du bienfait que nous recevrons de vous! Vous croirez du moins que mon langage est sincère; que ce zèle qui m'entraîne, cette chaleur qui m'anime n'ont rien de factice. Je ne plaide pas ici pour un chétif intérêt: la cause de mon client est la cause de tous les juifs; c'est ma cause. Oui, c'est un juif qui combat pour ses foyers, pour ses pénates, pour son culte, pour la plus précieuse de toutes ses libertés.... Pourquoi donc suis-je sans crainte? Pourquoi suis-je plein d'espérance? C'est que je plaide avec le bon droit, et vous êtes mes Juges!

J. AD. CRÉMIEUX, *Avocat.*

Arrêt du 10 *janvier* 1826.

« Attendu qu'en matière civile aucune des lois qui nous régissent n'ayant déterminé de formes sacramentelles pour la prestation du serment, on doit, conformément à l'usage consacré par la jurisprudence, et universellement suivi devant les tribunaux français, considérer comme le seul mode de cette prestation, celui qui consiste à jurer, en tenant la main droite levée, que ce qu'on affirme est l'expression de la vérité;

» Attendu QUE TOUS LES FRANÇAIS ÉTANT ÉGAUX DEVANT LA LOI, » CE SERAIT VIOLER LES PRINCIPES D'ÉGALITÉ CONSACRÉS PAR L'ART. » I.er DE LA CHARTE CONSTITUTIONNELLE *que d'exiger* D'UN JUIF » FRANÇAIS un serment différent, dans sa forme, de celui que sont » tenus de prêter SES AUTRES CONCITOYENS;

« Attendu que le juif ainsi que tout homme qui n'est pas un » athée EST RELIGIEUSEMENT LIÉ par ces mots : *Je le jure*, puis- » qu'en les prononçant, il prend la Divinité à témoin de la vérité » de ce qu'il affirme, et se soumet à toute sa vengeance s'il ne » craint pas de se rendre parjure :

» *Par ces motifs*, parties ouïes et M. le Procureur-Général, la » Cour a mis et met l'appellation et le jugement dont est appel » à néant, en ce que, par ce jugement, la partie de Crémieux a » été soumise à prêter serment *more judaïco*; émendant, ordonne » qu'elle prêtera serment en la forme ordinaire; ordonne que » l'amende consignée sera restituée.

www.ingramcontent.com/pod-product-compliance
Ingram Content Group UK Ltd.
Pitfield, Milton Keynes, MK11 3LW, UK
UKHW021035200726
13857UKWH00004B/1739

9 782012 784949